Contenido

Introducción   4

Tipos de chiles   6

Productos de chiles   7

Técnicas   8

Sopas picantes, salsas y entrantes   10

Pescados y mariscos picantes   22

Ardientes platos de pollo y carne   32

Platos vegetarianos picantes   46

Acompañamientos y ensaladas fuertes   58

Introducción

Los pimientos chile, en sus muchas y variadas formas, frescos y secos, son muy usados en la cocina de todo el mundo. Originarios de América Central y América del Sur, fueron «descubiertos» en el siglo XVI por los conquistadores españoles, quienes lo trajeron a su vuelta a Europa, desde donde se extendieron al Este.

Los chiles son conocidos por ser «picantes», pero de hecho también pueden ser bastante suaves, dando más intensidad de sabor a los platos, como los guisos, sin hacerlos demasiado picantes si los eliges y utilizas con cuidado. Recuerde que los chiles más pequeños suelen ser los más picantes, y si quiere reducir el sabor picante de cualquier variedad puede, sencillamente, quitar las semillas y, por supuesto, usar menos. Los productos del chile, como la pimienta de Cayena y la salsa tabasco, son tremendamente útiles en la cocina, ya que con sólo pequeñas cantidades puede añadir mucho más sabor a las comidas.

Los chiles combinan bien con todas las clases de pescado y marisco, aves, carne, verduras, ensaladas, cereales y legumbres. Además de ser agradables de comer, ayudan a hacer la digestión, son una útil fuente de vitaminas A y C, y se dice que tienen un efecto relajante beneficioso. ¡Todas parecen excelentes razones para cocinar con ellos más a menudo!

Tipos de chiles

Los siguientes son sólo unos pocos de los muy distintos tipos de chiles.

Ancho
Son chiles poblanos secos. Son suaves y bastante dulces.

Ojo de pájaro
Estos chiles son tan picantes que pueden resultar explosivos a los no iniciados. Pueden ser de color verde, rojo o naranja.

Cascabel
Estos chiles, redondos y secos, hacen ruido cuando los agitas.

Chipotle
Las versiones secas y ahumadas del jalapeño, los chiles chipotle dan un intenso sabor picante a las sopas y guisos.

Guajillo
Bastante suaves de sabor y muy buenos con la mayoría de los mariscos.

Habanero
También conocidos como Gorras Escocesas, estos chiles son extremadamente picantes. Se usan en salsas.

Indio
Pequeños y muy picantes, son muy usados en platos con curry.

Jalapeño
Se pueden encontrar verdes o rojos, frescos o en conserva; los jalapeños son picantes y se usan en tamales tradicionales, salsas y cremas mexicanas.

Ñora
Es un chile español seco y ligeramente ahumado con un dulce sabor afrutado. Es bueno en salsas suaves, sopas y guisos.

Poblano
Inicialmente verde, estos chiles grandes y suaves se vuelven rojo oscuro cuando maduran. Son generalmente usados para rellenarlos, en particular en un plato mexicano llamado «chiles rellenos».

Serrano
Estos chiles pequeños son bastante picantes, con un claro sabor mordaz, y se usan en platos cocinados. Cambian de verde a rojo cuando maduran.

Tailandés
Estos pequeños chiles son bastante picantes y se usan en auténticas pastas de curry tailandesas roja y verde y ensaladas.

Productos del chile

Una gran variedad de ingredientes para condimentar se basan en los chiles.

Pimienta de Cayena

Este polvo molido fino, hecho de una variedad de chile rojo, es extremadamente picante y se usa en pequeñas cantidades para sazonar, por ejemplo en platos de queso y huevo.

Polvo de chile

Más suave que la Cayena y molido más groseramente, se prepara de una variedad de chile suave o picante. Algunas marcas también contienen otros condimentos, como comino y orégano añadidos por su conveniencia en la preparación de platos como el chile con carne.

Escamas de chile seco

Estas escamas contienen la carne y las semillas de los chiles rojos y pueden usarse por sí solas para reforzar los platos cocinados o como sustituto si no encuentra chiles frescos.

Aceite de chile

Es excelente para freír o untar en pescado o carne para barbacoas.

Pasta de chile

La pasta de chile ya preparada se vende en tarros pequeños. Es fácil de preparar en casa con chiles frescos usando una batidora y puede guardarse en el frigorífico durante un mes o en el congelador durante seis meses.

Salsa de chile

La salsa de chile más conocida es probablemente el tabasco, que está hecho con chiles muy picantes y sal y vinagre, y después macerados durante varios años. La salsa de chile se emplea para sazonar platos, en poca cantidad.

Salsa tabasco

CÓMO ELEGIR LOS CHILES:
• Los chiles frescos deben ser consistentes, brillantes y de un color uniforme. Evite los húmedos, blandos o arrugados.
• Compre los chiles secos en envases transparentes, de forma que pueda ver la calidad del producto.
• Las escamas y los chiles secos molidos deben tener un buen aroma y color. Cómprelos en pequeñas cantidades y anote la fecha en el envase, de forma que pueda evitar guardarlos mucho tiempo.

Técnicas

Cómo quitar las semillas a los chiles frescos

1 Sujete el chile firmemente por el final del tallo y, con un cuchillo afilado, córtelo por la mitad a lo largo. Quite el tallo del chile, quitando también una lámina fina de la parte de arriba.

2 Con un cuchillo pequeño y afilado, quite raspando las semillas y los nervios blancos de la carne de cada mitad.

TRATANDO «QUEMADURAS»
Si se ha manchado de aceite al chile y tiene la piel delicada, un álcali como una pasta hecha de bicarbonato sódico mezclado con agua fría aliviará la molestia.

Cómo asar y pelar chiles frescos

1 Tueste los chiles en una sartén sin aceite hasta que la piel se chamusque uniformemente. O atravíeselos con un pincho metálico de mango largo y póngalos sobre la llama del quemador de gas hasta que la piel forme ampollas y se oscurezca. No debe quemar la carne.

2 Ponga los chiles asados en una bolsa de plástico fuerte mientras que todavía estén calientes y cierre la bolsa para que el vapor se quede dentro. Deje aparte durante 20 min, después quite la piel.

3 Corte los tallos y los chiles a lo largo y quite las semillas raspándolas con un cuchillo pequeño y afilado.

Cómo poner en remojo los chiles secos

Para realzar el sabor de los chiles, póngalos en remojo 1 h antes de usarlos.

1 Ponga los chiles a remojar en agua caliente 10 min (o más tiempo) hasta que el color se restablezca y los chiles se hayan hinchado y ablandado. Escúrralos.

2 Corte los tallos y después los chiles por la mitad y raspando, quite las semillas. Corte la carne en tiras o píquela. Para hacer puré de chiles, póngalos en una batidora con un poco de agua en la que se hayan puesto en remojo y bata hasta que esté suave.

CÓMO ALMACENAR CHILES:

• Guarde los chiles frescos en una bolsa en la parte más fría de la nevera hasta una semana.
• Se pueden también congelar. No hay que escaldarlos si se van a usar pronto.
• Guarde los chiles secos y molidos en botes herméticos en un lugar fresco y protegido de la luz solar directa.
• Para secarlos, ensártelos en una cuerda, cuélguelos en un lugar cálido y seco, hasta que se desmenucen con facilidad, después macháquelos en un mortero.

Cómo moler chiles secos

Este método da un sabor característico y ahumado al polvo de chile resultante, y el esfuerzo merece la pena.

1 Ponga a remojar los chiles secos en agua, después escurra y seque a golpecitos con papel de cocina. Tuéstelos en una sartén de fondo grueso hasta que estén crujientes.

2 Páselos a un mortero y machárquelos con la mano del mortero hasta formar un polvo fino. Guarde en un recipiente hermético.

CÓMO COCINAR LAS PUNTAS:

• Para resaltar el sabor de los chiles, tuéstelos, sin aceite, en una sartén antiadherente caliente durante unos minutos. No deje que cambien de color.
• Para reducir el sabor picante de los chiles frescos o secos, póngalos a remojar durante 1 h en una solución de vinagre de vino blanco y sal en proporción 3 x 1.
• Si muerde un chile que sea tremendamente picante, trague una cucharada de azúcar. No esté tentado a tomarse un vaso de agua o cerveza; esto sólo hará que el picor dure más.

Sopa de maíz y boniato con chile

El chile da un gusto atractivo a esta combinación de verduras suave y dulce, que hace de éste un primer plato distinto y lleno de color o un plato ligero para la comida.

6 personas

INGREDIENTES
1 cucharada de aceite de oliva
1 cebolla, picada fina
2 dientes de ajo, machacados
1 chile rojo pequeño, sin pepitas
   y picado fino
7 ½ tazas de caldo vegetal
2 cucharaditas de comino molido
1 boniato mediano, cortado en dados
½ pimiento rojo, picado fino
450 g/1 lb de granos de maíz dulce
sal y pimienta negra
   recién molida
cuñas de lima, para servir

1 Caliente el aceite en una cacerola grande de fondo grueso. Añada la cebolla picada y fría durante 5 min, hasta que se ablande. Añada el ajo machacado y el chile rojo picado fino y continúe friendo durante 2 min más.

2 Vierta 1 ¼ tazas del caldo y cueza a fuego lento durante 10 min. Mezcle el comino con un poco de caldo, para formar una pasta, y échelo a la sopa.

3 Añada el boniato en dados, remueva y lleve a ebullición. Baje el fuego y cueza a fuego lento, tapado, 10 min. Sazone con sal y pimienta negra recién molida y mueva otra vez.

4 Añada el pimiento rojo, el maíz y el resto del caldo y cueza a fuego lento 10 min más. Vierta la mitad de la sopa en una batidora y bata hasta que esté suave, después vuelva a echarlo en la cacerola. Sirva en cuencos calientes con cuñas de lima para exprimir por encima.

VARIANTE: Utilice pimientos amarillos o naranjas en vez de rojos, pues los verdes son demasiado amargos.

Sopa picante de pollo

Una sopa aromática, con coco, galanga, hierba de limón y chile.

4-6 personas

INGREDIENTES
3 tazas de leche de coco y 2 de caldo de pollo
4 tallos de hierba de limón, con cortes
   y picados
1 chile rojo, sin semillas y picado fino
un trozo de 2,5 cm/1 in de galanga (raíz
   similar al jengibre), en rodajas finas
10 granos de pimienta negra, machacados
10 hojas de lima *kaffir*, en trozos
300 g/11 oz de pollo, cortado en tiras finas
115 g/4 oz de champiñones
50 g/2 oz de mazorcas de maíz *baby*
4 cucharadas de zumo de lima y
   3 de salsa de pescado tailandesa
chile rojo picado, cebollino picado y hojas
   de cilantro frescas, para decorar.

1 Lleve a ebullición la leche de coco y el caldo. Añada la hierba de limón, el chile, la galanga, la pimienta y la mitad de las hojas de lima. Reduzca el fuego y cueza 10 min.

2 Cuélelo en una cacerola. Póngalo en el fuego, añada el pollo, los champiñones y el maíz y cueza a fuego lento 5-7 min, para que se cueza el pollo.

3 Eche el zumo de lima y la salsa de pescado para sazonar y las hojas de lima. Sirva en cuencos calientes, adornados con el chile picado, el cebollino y el cilantro.

Sopa picante y ácida de gambas

Una sopa tailandesa clásica de marisco con una generosa ración de chiles.

4-6 personas

INGREDIENTES
450 g/1 lb de langostinos crudos con piel
4 tazas de caldo de pollo o agua
3 tallos de hierba de limón, con cortes
10 hojas de lima *kaffir*, partidas por la mitad
225 g/8 oz de setas paja en lata, escurridas.
3 cucharadas de salsa de pescado tailandesa
¼ de taza de zumo de lima
1 cucharada de hojas de cilantro frescas
4 chiles rojos, sin semillas y picados
2 cebollinos, picados finos

1 Pele y quite las venas de los langostinos. Lave las cáscaras, póngalas en una cacerola con el caldo o el agua y lleve a ebullición. Añada los tallos de hierba de limón y la mitad de las hojas de lima. Cueza a fuego lento 5-6 min, hasta que los tallos cambien de color y el caldo tome color.

2 Cuele, échelo en la cacerola y vuelva a calentar. Añada las setas y los langostinos, y cueza hasta que éstos estén rosados.

3 Eche el resto de ingredientes. Pruebe y rectifique el sazonado: debería estar ácida, salada y picante. Sirva la sopa en cuencos calientes.

Derecha: Sopa picante de pollo (arriba);
Sopa picante y ácida de gambas (abajo)

Salsa de chile, tomate y albahaca

Una salsa versátil y picante, que resulta deliciosa servida con todo tipo de platos salados.

4 personas

INGREDIENTES
1 chalota
2 dientes de ajo
1 manojo de hojas de albahaca frescas,
    más un poco para adornar
500 g/1 ¼ lb de tomates pera
2 cucharadas de aceite de oliva
2 chiles verdes
sal y pimienta negra
    recién molida

1 Pele y parta por la mitad la chalota y los dientes de ajo. Póngalos en una batidora con las hojas de albahaca y bata hasta que estén finamente picados.

2 Parta los tomates por la mitad y añádalos a la mezcla de chalota. Bata hasta que estén finamente picados y mezclados. Con el motor funcionado, vierta el aceite de oliva poco a poco. Sazone al gusto.

3 Corte los chiles por la mitad a lo largo y quite las semillas. Corte la carne en tiras finas y échelos en la salsa. Sirva a temperatura ambiente, adornado con unas pocas hojas de albahaca en trozos.

CONSEJOS: La salsa está mejor si se hace con tomates madurados al sol. En invierno use una lata de 400 g/14 oz de tomates pera escurridos.

Salsa de aguacate, chile y pimiento verde

Esta sencilla salsa es una refrescante mezcla de fuego y hielo.

4 personas

INGREDIENTES
2 aguacates maduros
1 cebolla roja, picada fina
1 pimiento rojo y 4 chiles verdes
2 cucharadas de cilantro fresco, picado
2 cucharadas de aceite de girasol
el zumo de 1 limón
sal y pimienta negra recién molida
nachos, para servir

1 Corte por la mitad los aguacates y quíteles el hueso. Saque la carne con una cuchara y córtela en dados pequeños.

2 Corte la parte de arriba del pimiento y quite el corazón. Agítelo para que se vaya cualquier resto de semilla. Corte el pimiento en tiras finas y después en dados.

3 Corte los chiles por la mitad, quite la semillas y pique fina la carne. Mezcle los chiles, el cilantro, el aceite y el zumo de limón y añada sal y pimienta.

4 Ponga el aguacate preparado, la cebolla roja y el pimiento en un cuenco. Vierta el aliño de chile y cilantro y remueva bien la mezcla. Sirva la salsa inmediatamente con los nachos.

Gambas *piri-piri* con alioli

El *piri-piri,* o «chile pequeño», es una salsa portuguesa picante de chiles.

4 personas

INGREDIENTES

1 chile rojo, sin semillas y picado fino, y
    algunos chiles enteros para decorar
½ cucharadita de *paprika*
½ cucharadita de cilantro molido
1 diente de ajo, machacado
el zumo de media lima
2 cucharadas de aceite de oliva
20 langostinos grandes, con cáscara,
    sin cabezas ni venas
sal y pimienta negra recién molida

PARA EL ALIOLI
⅔ de taza de mayonesa
2 dientes de ajo, machacados
1 cucharadita de mostaza de Dijon

1 Para hacer el alioli, mezcle la mayonesa, el ajo y la mostaza en un cuenco pequeño y reserve.

2 Mezcle el chile picado, la *paprika,* el cilantro, el ajo, el zumo de lima y el aceite de oliva en un cuenco. Sazone al gusto con sal y pimienta negra recién molida. Añada los langostinos preparados y remueva bien. Tape y deje marinar en lugar fresco durante 30 min.

3 Ensarte los langostinos en pinchos y áselos al grill o a la barbacoa, impregnando y dando la vuelta a los pinchos con frecuencia, durante 6-8 min, o hasta que los langostinos estén rosas. Sirva con alioli adornado con chiles enteros.

Mejillones con salsa de chile

Oriente se encuentra con Occidente en la salsa de coco picante.

4 personas

INGREDIENTES

1,3 kg/3 lb de mejillones frescos, limpios
3 cucharadas de jerez seco
3 cucharadas de caldo de pescado tailandés
1 ⅔ tazas de leche de coco
⅔ de taza de agua
2 cucharadas de aceite de oliva
1 cebolla, picada
2 dientes de ajo, machacados
1 tallo de hierba de limón, en rodajas
2 cucharadas de puré de tomate
2 cucharaditas de pasta tailandesa de curry rojo
1 cucharada de raíz de jengibre fresca, rallada
1 chile rojo, sin semillas y en rodajas
1 cucharada de harina de maíz
4 cucharadas de cilantro fresco, picado
sal y pimienta negra recién molida
pan francés, para servir

1 Deseche los mejillones abiertos que no se cierren cuando los golpee suavemente, y ponga el resto en una cacerola con el jerez, el caldo, la leche de coco y el agua. Lleve a ebullición, tape y cueza 5 min hasta que se abran. Páselos a un cuenco, desechando los que sigan cerrados. Mantenga calientes. Cuele los jugos en una jarra y reserve.

2 Caliente el aceite en otra cacerola y fría la cebolla y el ajo 5 min, hasta que se ablanden. Añada la hierba de limón, el puré de tomate, la pasta de curry, el jengibre, el chile y los jugos de cocción. Sazone con pimienta y cueza a fuego lento 5 min. Mezcle la harina de maíz con agua hasta formar una pasta fina y suave y échelo en la cacerola. Lleve a ebullición, removiendo, y sazone. Vierta sobre los mejillones y espolvoree con el cilantro. Sirva.

Cuñas de patata especiadas con salsa de chile

Para un aperitivo saludable o un acompañante con un estupendo sabor, pruebe estas patatas asadas. La salsa de chile las complementa perfectamente.

2 personas

INGREDIENTES
2 patatas para asar de unos 225 g/8 oz
2 cucharadas de aceite de oliva
2 dientes de ajo, machacados
1 cucharadita de pimienta inglesa, molida
1 cucharadita de cilantro molido
1 cucharada de *paprika*
sal y pimienta negra recién molida

PARA LA SALSA DE CHILE
1 cucharada de aceite de oliva
1 cebolla pequeña, picada fina
1 diente de ajo, machacado
200 g/7 oz de tomates de lata, picados
1 chile rojo, sin semillas
    y picado fino
1 cucharada de vinagre
1 cucharada de cilantro fresco picado, más
    algunas ramitas enteras para decorar

1 Precaliente el horno a 200 °C/400 °F. Corte las patatas por la mitad y después en ocho cuñas.

CONSEJOS: Para ahorrar tiempo, cueza a medias las patatas y mézclalas con las especias por adelantado, pero asegúrese de que las cuñas están perfectamente secas y después cúbralas completamente con la mezcla de especias.

2 Ponga las cuñas en una cacerola de agua fría. Lleve a ebullición y cueza a fuego lento durante 10 min, hasta que las patatas se hayan ablandado ligeramente. Escurra bien y seque a golpecitos con papel de cocina.

3 Mezcle en una bandeja para asar el aceite, el ajo, la pimienta inglesa, el cilantro y la *paprika*. Añada sal y pimienta al gusto. Añada las cuñas de patata y agítelas bien para que se impregnen por todos los lados. Ase 20 min, dándoles la vuelta de vez en vez, hasta que las cuñas de patata estén doradas, crujientes y asadas totalmente.

4 Mientras tanto, para hacer la salsa de chile, caliente el aceite en una cacerola, añada la cebolla y el ajo y fríalos durante 5-10 min, hasta que se ablanden. Añada los tomates con su jugo. Eche el chile y el vinagre sin dejar de remover. Cueza suavemente durante 10 min, hasta que la mezcla se haya reducido y espesado.

5 Pruebe y rectifique el sazonado si es necesario. Eche el cilantro picado y vierta la salsa en un cuenco templado.

6 Sirva la salsa caliente con las cuñas de patata asadas, decoradas con ramitas de cilantro enteras.

Koftas de chile y cebolla

Estos deliciosos buñuelos de cebolla indios se hacen con harina de garbanzos, chiles verdes frescos y especias. Se sirven con una salsa de yogur helada.

4-5 personas

INGREDIENTES

675 g/1 ½ lb de cebollas, partidas
    por la mitad y en láminas finas
1 cucharadita de sal
1 cucharadita de cilantro molido
1 cucharadita de comino molido
½ cucharadita de cúrcuma
    molida
1-2 chiles verdes, sin pepitas
    y picados finos
¾ de taza de harina de garbanzos
½ cucharadita de levadura
aceite vegetal, para freír en una
    sartén honda

PARA SERVIR

cuñas de limón
ramitas de cilantro fresco
salsa de yogur y hierbas o salsa de yogur
    y pepino (ver Consejos)

1 Ponga las láminas de cebolla en un colador, añada la sal y remueva bien. Póngalas en un plato y deje reposar durante 45 min, removiendo una o dos veces con un tenedor. Lave la cebolla, escurriendo, después, cualquier resto de humedad.

2 Ponga las cebollas en un cuenco. Añada el cilantro picado, el comino, la cúrcuma, los chiles picados y el cilantro fresco. Mezcle bien.

3 Añada la harina de garbanzos y la levadura, después mezcle todos los ingredientes a fondo con las manos. Dé a la mezcla forma de 12-15 *koftas* del tamaño de pelotas de golf.

4 Caliente el aceite a 180-190 °C/ 350-375 °F o hasta que un dado de pan se dore en 30-45 s. Fría las *koftas,* 4-5 cada vez, hasta que estén totalmente doradas por todos los lados.

5 Escurra cada tanda sobre papel de cocina y manténgalas calientes hasta que estén todas hechas. Sirva con cuñas de limón, ramitas de cilantro y salsa de yogur.

CONSEJOS:

• Para hacer una salsa de yogur y hierbas, eche 2 cucharadas de cilantro fresco picado y otras 2 cucharadas de menta en 1 taza de yogur natural. Sazone con sal, semillas de comino tostadas molidas y azúcar moreno.

• Para una salsa de pepino, eche la mitad de un pepino en dados y un chile verde sin semillas y picados en 1 taza de yogur natural. Sazone la mezcla al gusto con sal y comino molido.

21

Pescado al vapor con salsa de chile

Al cocer al vapor un pescado entero como éste, se retiene todo el sabor y lo conserva jugoso. La salsa que lo acompaña es un verdadero ponche.

4 personas

INGREDIENTES
1 pescado grande o 2 medianos, consistentes,
   como la perca o el mero, sin escamas y limpio
1 hoja de platanera fresca
2 cucharadas de vinagre de arroz
3 chiles rojos, sin semillas, en rodajas finas
2 dientes de ajo, picados finos
2 cm/¾ in de raíz de jengibre fresca, pelada
   y rallada fina
2 tallos de hierba de limón, con cortes
   y picados finos
2 cebolletas, picadas finas
2 cucharadas de salsa de pescado tailandesa
el zumo de 1 lima

PARA LA SALSA DE CHILE
10 chiles rojos, sin semillas y picados
4 dientes de ajo, machacados
4 cucharadas de salsa de pescado tailandesa
1 cucharada de azúcar y 5 cucharadas
   de zumo de lima

1 Lave el pescado bajo el chorro de agua fría. Seque a golpecitos con papel de cocina. Con un cuchillo afilado, haga cortes en la piel de pescado, unos cuantos por cada lado.

CONSEJOS: Las hojas de platanera se compran en almacenes asiáticos. Si no las encuentra, use papel de aluminio.

2 Ponga el pescado en un hoja de platanera. Mezcle el resto de ingredientes y reparta sobre el pescado.

3 Ponga una rejilla o un plato al revés en el fondo de un *wok* y después añada 5 cm/2 in de agua hirviendo, ponga una hoja de plátano encima. Levante la hoja de platanera que contiene el pescado y póngala sobre la rejilla o el plato. Tape y cueza al vapor durante 10-15 min o hasta que el pescado esté cocido.

4 Para la salsa de chile, ponga todos los ingredientes en una batidora. Es posible que necesite añadir un poco de agua fría si la salsa queda muy espesa.

5 Pase la salsa de chile a un cuenco de servir pequeño. Sirva el pescado caliente, sobre la hoja de platanera, si quiere, acompañado por la salsa para echar cucharadas por encima.

Pargo rojo con salsa de chile, ginebra y jengibre

Los chiles frescos, el jengibre y la ginebra añaden un sabor picante a un fino plato de pescado y cada bocado sabe tan bueno como parece.

4 personas

INGREDIENTES
1,3 kg/3 lb de pargo rojo, sin escamas
    y limpio
2 cucharadas de aceite vegetal
1 cebolla, picada
2 dientes de ajo, machacados
¾ de taza de champiñones,
    en láminas
1 cucharadita de cilantro molido
1 cucharada de perejil fresco, picado
2 cucharadas de raíz de jengibre
    fresca, rallada
2 chiles rojos, sin semillas y en rodajas
1 cucharada de harina de maíz
3 cucharadas de ginebra
1 ¼ tazas de caldo de pollo
    o verduras
sal y pimienta negra recién molida

PARA DECORAR
1 cucharada de aceite de girasol
6 dientes de ajo, en láminas
1 corazón de lechuga, en juliana
1 manojo de cilantro fresco,
    atado con rafia roja

1 Precaliente el horno a 190 °C/375 °F. Engrase un plato resistente al fuego y lo bastante grande para que quepa el pescado. Haga varios cortes diagonales en un lado del pescado.

2 Caliente el aceite en una sartén y fría la cebolla, el ajo y los champiñones durante 2-3 min. Eche el cilantro molido y el perejil picado. Sazone con sal y pimienta.

3 Eche cucharadas de la mezcla de verduras dentro de la cavidad del pescado, después deje el pargo en el plato. Vierta bastante agua para cubrir el fondo del plato. Espolvoree el jengibre y los chiles por encima, después tape y cueza el pescado durante 30-40 min, regándolo con los jugos de cocción de vez en vez. Quite la tapa durante los últimos 10 min.

4 Con cuidado pase el pargo a una fuente de servir y manténgalo caliente. Vierta los jugos de la cocción en una cacerola.

5 Mezcle la harina de maíz y la ginebra y échelo a los jugos de cocción. Vierta el caldo de pollo o verduras. Lleve a ebullición y cueza despacio durante 3-4 min, hasta que espese, removiendo todo el tiempo. Rectifique el sazonado al gusto, después viértalo en una salsera.

6 Para hacer el adorno, caliente el aceite en una cacerola pequeña, y rehogue las láminas de ajo y la lechuga, a fuego fuerte, hasta que esté crujiente. Póngalo a un lado del pargo. Ponga el manojo de cilantro en el otro lado. Sirva con la salsa.

VARIANTE: Si no encuentra pargo rojo, pruebe a usar mújol, bacalao o caballa en su lugar.

Guiso indio de pescado especiado

Un plato picante hecho con patatas, pimientos y especias tradicionales indias.

4 personas

INGREDIENTES

2 cucharadas de aceite
1 cucharadita de semillas de comino
1 cebolla, picada
1 pimiento rojo, sin pepitas y en láminas finas
1 diente de ajo, machacado
2 chiles rojos, sin semillas y picados finos
2 hojas de laurel
½ cucharadita de sal
1 cucharadita de comino molido
1 cucharadita de cilantro molido
1 cucharadita de polvo de chile
400 g/14 oz de tomates de lata, picados
2 patatas grandes, en trozos de 2,5 cm/1 in
1 ¼ tazas de caldo de pescado
4 filetes de bacalao
chappatis, para servir

1 Caliente el aceite en una sartén honda y fría las semillas de comino durante 2 min, hasta que empiecen a chisporrotear. Añada la cebolla, el pimiento rojo, el ajo, los chiles picados y las hojas de laurel y fría la mezcla durante 5-7 min, hasta que las cebolla se hayan dorado.

2 Añada la sal, el cilantro molido, y el polvo de chile y cueza durante 3-4 min. Eche los tomates, las patatas y el caldo. Lleve a ebullición y después deje a fuego lento otros 10 min.

3 Añada el pescado, después tape y deje cocer a fuego lento durante 10 min más o hasta que el pescado esté tierno. Sirva el guiso con *chappatis*.

Cangrejos con chile

Una pasta picante es la base de la salsa de este plato, que está exquisito.

4 personas

INGREDIENTES

2 centollos cocidos,
   unos 675 g/1 ½ lb en total
1 cubo de 1 cm/½ in de pasta de camarones
   fermentada (terasi)
2 dientes de ajo
2 chiles rojos, sin semillas
   o 1 cucharadita de chile picado
   de bote
1 cm/½ in de raíz de jengibre fresca,
   pelada y en rodajas
1 ¼ tazas de tomate ketchup
4 cucharadas de aceite de girasol
1 cucharada de azúcar moreno
⅔ de taza de agua templada
4 cebolletas picadas, trozos de pepino
   y tostadas calientes, para servir
   (opcional)

1 Para cada centollo, quite las pinzas grandes y póngalos al revés, con la cabeza hacia el otro lado. Use sus pulgares para sacar el cuerpo del caparazón principal. Quite el saco del estómago y los «dedos de muerto». Deje la carne cremosa marrón en el caparazón y córtelo por la mitad. Corte la sección del cuerpo por la mitad y rompa las pinzas, sin que se astillen.

2 Triture el terasi, el ajo, los chiles y el jengibre, en una batidora o un mortero hasta formar una pasta. Caliente un wok y añada el aceite. Fría la pasta, removiendo continuamente, sin que llegue a dorarse. Eche el ketchup, el azúcar y el agua. Cuando rompa a hervir, añada todo el cangrejo y remueva hasta que esté caliente. Eche las cebolletas picadas y sirva con pepino y tostadas, si quiere.

Pastelitos de pescado caribeños con chile y salsa de tomate

El sabor de pescado y la carne de cangrejo es realzado perfectamente por el chile picante, que también se usa en la salsa de tomate que lo acompaña.

15 unidades

INGREDIENTES

115 g/4 oz de filetes de pescado blanco,
   sin piel y cocidos
115 g/4 oz de carne de cangrejo blanca
   (fresco, congelado o de lata)
115 g/4 oz de patatas harinosas,
   cocidas y en puré
2 cucharadas de hierbas frescas,
   para sazonar
½ cucharadita de mostaza suave
½ cucharadita de pimienta negra
   recién molida
½ chile picante, sin semillas
   y picado fino
1 cucharadita de orégano fresco
1 huevo batido
harina sin levadura, para espolvorear
aceite vegetal, para freír
cuñas de lima, ramitas de cilantro frescas
   y chiles enteros, para decorar

PARA LA SALSA DE TOMATE

1 cucharada de mantequilla
   o margarina
½ cebolla, picada fina
2 tomates pera de lata, picados
1 diente de ajo, machacado
⅔ de taza de agua
1-2 cucharaditas de vinagre de malta
1 cucharada de cilantro fresco, picado
½ chile rojo, sin semillas y picado

1 Ponga láminas de pescado cocido en un cuenco grande. Eche la carne de cangrejo, las patatas en puré, las hierbas para sazonar, la mostaza, la pimienta negra recién molida, el chile, el orégano y el huevo batido y mézclelo bien. Deje enfriar la mezcla en la nevera al menos durante 30 min.

2 Para hacer la salsa de tomate, derrita mantequilla o margarina en una cacerola pequeña a fuego medio. Añada la cebolla, los tomates y el ajo y saltee durante 5 min, hasta que la cebolla esté blanda.

3 Añada el agua, el vinagre, el cilantro y el chile. Lleve a ebullición, después baje el fuego y deje cocer a fuego lento durante 10 min.

4 Pase la mezcla a una batidora y bata hasta obtener un puré suave. Vierta en un cuenco. Mantenga caliente o frío, como prefiera.

5 Con una cuchara, dé forma redonda a la mezcla de pescado y espolvoree con harina, quitando el exceso. Caliente un poco de aceite en una sartén y fría, por tandas, durante 2-3 min por cada·lado. Escurra sobre papel de cocina y mantenga caliente mientras fríe el resto.

6 Sirva los pasteles de pescado caliente con la salsa de tomate y adornado con cuñas de lima, ramitas de cilantro frescas y chiles enteros.

Risotto de calamares con chile y cilantro

Aquí los calamares se cuecen muy rápidamente, después de impregnarlos en una marinada de chile que los ablanda. Después se añaden a un *risotto* picante.

3-4 personas

INGREDIENTES
unos 450 g/1 lb de calamares limpios, cortados en anillas finas
3 cucharadas de aceite de oliva
1 cucharada de mantequilla
1 cebolla, picada fina
2 dientes de ajo, machacados
1 chile rojo, sin semillas y en rodajas finas
1 ½ tazas de arroz para *risotto*
¾ de taza de vino blanco seco
4 tazas de caldo de pescado, hirviendo
2 cucharadas de cilantro fresco, picado
sal y pimienta negra recién molida

PARA LA MARINADA
2 kiwis maduros, picados y triturados
1 chile rojo, sin semillas y en rodajas finas
2 cucharadas de zumo de lima

1 Para hacer la marinada, ponga los kiwis triturados en un cuenco, y añada el chile y el zumo de lima. Añada las anillas de calamar, sazone y remueva para que se cubran bien. Tape y reserve en el frigorífico durante 4 h o toda la noche.

CONSEJOS: Aunque el caldo de pescado realza el sabor del calamar, un caldo de pollo ligero o de verduras también funcionará bien en esta receta.

2 Escurra los calamares. Caliente 1 cucharada del aceite en una sartén grande y fría el calamar, por tandas si es necesario, durante 30-60 s a fuego fuerte. Es importante que el calamar se fría muy rápidamente.

3 Pase los calamares a un plato y reser Mientras los fríe, vierta los jugos en u bote y reserve, añadiendo más aceite a sartén si es necesario.

4 Caliente el resto del aceite con la mantequilla en una cacerola grande y la cebolla y el ajo suavemente durante 5-6 min, hasta que se ablande. Añada chile y fría durante 1 min más.

5 Añada el arroz para *risotto*. Rehogu durante unos minutos, hasta que el arroz esté impregnado en aceite y se h puesto ligeramente transparente. Añad el vino blanco seco y remueva el arroz hasta que se haya absorbido todo el vir

Añada poco a poco el caldo caliente el líquido de cocción reservado, n cucharón cada vez, removiendo nstantemente y permitiendo que se sorba cada cucharón de caldo antes añadir el siguiente.

7 Cuando el arroz esté a ¾ de cocción, eche los calamares y continúe cociendo hasta que el caldo se haya absorbido y el arroz esté tierno, pero ligeramente consistente. Eche el cilantro, cubra con una tapa o un trapo y deje reposar durante unos minutos antes de servir.

Pollo con salsa de *chipotle*

Es importante buscar chiles *chipotles* para esta receta, porque dan un sabor maravillosamente rico y ahumado a las pechugas de pollo.

6 personas

INGREDIENTES
6 chiles *chipotles*
1 taza de agua caliente
caldo de pollo (ver realización
   para cantidades)
3 cucharadas de aceite de oliva
3 cebollas, en láminas finas
6 pechugas de pollo,
   sin piel ni huesos
sal y pimienta negra recién molida
orégano fresco, para adornar
arroz blanco cocido y judías,
   para servir

1 Ponga los chiles secos en un cuenco y cúbralos con agua caliente. Deje reposar durante 30 min hasta que estén blandos. Escurra, reservando el agua en una jarra graduada.

2 Corte los tallos de cada chile, después córtelos longitudinalmente y quite las semillas raspando con un cuchillo afilado pequeño.

3 Precaliente el horno a 180 °C/350 °F. Pique la carne de los chiles y póngala en una batidora. Añada bastante caldo de pollo al agua de haber puesto en remojo los chiles, hasta obtener 1 ⅔ tazas. Vierta en la batidora y bata a la máxima velocidad hasta que esté suave.

4 Caliente el aceite en una sartén grande. Añada las cebollas y fría a fuego moderado durante unos 5 min, removiendo constantemente, hasta que estén blandas, pero sin que lleguen a tomar color.

5 Con una espumadera, pase las láminas de cebolla a una cacerola lo bastante grande para que quepan las pechugas en una sola capa. Coloque las pechugas de pollo por encima y sazone con sal y pimienta negra recién molida.

CONSEJOS: Si es un amante de los chiles *chipotles*, quizá prefiera usar más de seis.

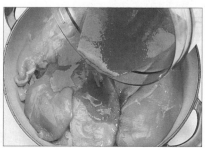

6 Vierta el puré de *chipotle* sobre las pechugas de pollo, asegurándose de que cada pieza esté cubierta uniformemente.

7 Cueza en el horno durante 45 min a 1 h o hasta que el pollo esté bien cocido, pero todavía esté jugoso y tierno. Adorne con orégano fresco y sirva con arroz blanco cocido y judías.

Pollo *jerk* a la barbacoa

Jerk se refiere a las hierbas y especias, incluido el chile, que bañan el pollo.

4 personas

INGREDIENTES
8 porciones de pollo
aceite para barnizar

PARA LA MARINADA
1 cucharadita de pimienta inglesa molida
1 cucharadita de canela molida
1 cucharadita de tomillo seco
¼ cucharadita de nuez moscada, rallada
2 cucharaditas de azúcar moreno
2 dientes de ajo, machacados
1 cucharada de cebolla, picada fina
1 cucharada de cebollino picado
1 cucharada de vinagre
2 cucharadas de aceite
1 cucharada de zumo de lima
1 chile picante, picado
sal y pimienta negra recién molida
hojas de lechuga, para servir

1 Para hacer la marinada, mezcle todos los ingredientes en un cuenco pequeño. Con un cuchillo macháquelos bien hasta formar una pasta espesa.

2 Ponga las piezas de pollo en una tabla o fuente y haga algunos cortes a lo largo en la carne. Frote el sazonado por todo el pollo.

3 Ponga los trozos de pollo en un plato, tape con papel transparente y marine durante toda la noche en el frigorífico.

4 Sacuda cualquier exceso del sazonado. Barnice con aceite y póngalo en una bandeja de horno o en la parrilla de la barbacoa. Cueza bajo el grill precalentado durante 45 min, dándoles la vuelta de vez en vez, o en la barbacoa sobre el carbón caliente durante 30 min. Sirva caliente con hojas de lechuga.

Pollo picante con chile

Este *curry* abrasador no es apto para corazones débiles.

4 personas

INGREDIENTES

2 chiles verdes y 3 rojos secos
2 cucharadas de puré de tomate
2 dientes de ajo, picados
½ cucharadita de sal
¼ de cucharadita de azúcar
1 cucharadita de polvo de chile
½ cucharadita de *paprika*
1 cucharada de pasta de *curry*
2 cucharadas de aceite
½ cucharadita de semillas de comino
1 cebolla, picada fina
2 hojas de laurel
1 cucharadita de cilantro molido
1 cucharadita de comino molido
¼ cucharadita de cúrcuma molida
400 g/14 oz de tomates de lata, picados
8 muslos de pollo, sin piel
1 cucharadita de *garam masala*

1 Pique todos los chiles. Póngalos en una batidora con el puré de tomate, el ajo, la sal, el azúcar, el polvo de chile, la *paprika* y la pasta de *curry* y bata hasta obtener una pasta suave.

2 Caliente el aceite en una cacerola grande y fría las semillas de comino durante 2 min. Añada la cebolla y las hojas de laurel y fría durante 5 min. Añada las pasta de chile y fría durante 2-3 min. Añada el resto de especias molidas y fría durante 2 min. Añada los tomates picados y ⅔ de taza de agua. Lleve a ebullición y cueza a fuego lento durante 5 min, hasta que la salsa espese.

3 Añada el pollo y el *garam masala*. Tape y cueza a fuego lento 25-30 min, hasta que esté tierno. *Chappatis* y yogur con rodajas de chile combinan bien con esta receta.

Penne con salsa de tomate y chile

Este famoso plato de pasta es conocido en Italia como *penne all'arrabiata*:
arrabiata (literalmente «furioso») se refiere a la naturaleza picante del chile.

4 personas

INGREDIENTES

25 g/1 oz de setas porcini secas
7 cucharadas de mantequilla
150 g/5 oz de panceta o beicon ahumado,
    sin corteza y en dados
1-2 chiles rojos secos,
    para sazonar
2 dientes de ajo, machacados
8 tomates pera italianos maduros,
    pelados y picados
unas pocas hojas de albahaca fresca,
    en trozos, más un poco para decorar
3 tazas de *penne* secos
⅔ de taza de Parmesano rallado
⅔ de taza de queso Pecorino rallado

1 Ponga en remojo las setas secas
en agua caliente que las cubra durante
15-20 min. Escurra y exprímalas con
las manos. Pique finamente las setas.

2 Derrita ¼ de taza de la mantequilla
en una sartén o cacerola mediana.
Añada la panceta o el beicon y rehogue
a fuego medio hasta que esté dorado
y ligeramente crujiente. Sáquelo con
una espumadera y reserve.

3 Eche las setas picadas a la sartén y fría
de la misma forma. Sáquelas y reserve con
la panceta o el beicon.

4 Desmenuce dentro un chile, añada
el ajo y fría, removiendo, durante unos
minutos, hasta que el ajo se dore.

5 Añada los tomates y la albahaca y
sazone. Cueza suavemente, removiendo
ligeramente, 10-15 min. Mientras, cueza
los *penne* en una cacerola con agua salada
hirviendo, hasta que estén *al dente*.

6 Añada la panceta o el beicon y las setas
a la salsa de tomate. Pruebe, para sazonar,
añadiendo más chiles, si quiere. Si la salsa
está demasiado seca, añada un poco de
agua de cocer la pasta.

7 Escurra la pasta y mézclela en un cuenco caliente. Corte en dados el resto de la mantequilla, añádala a la salsa con los quesos y remueva, para que se impregnen bien. Vierta la salsa de tomates sobre la pasta, mezcle bien y sirva, con unas pocas hojas de albahaca por encima.

VARIANTES: Hay muchas versiones diferentes de este plato. Algunas veces se hace sin la panceta, e incluso se puede utilizar perejil fresco en vez de albahaca.

Cordero picante con *curry* de patatas

Transforme estos ingredientes sencillos en un sabroso *curry*, con la suma de especias indias y chile verde seco.

4 personas

INGREDIENTES
3 cucharadas de aceite
1 cebolla, picada fina
2 hojas de laurel
1 chile verde, sin semillas
   y picado fino
2 dientes de ajo, picados finos
675 g/1 ½ lb de filetes de cordero
2 cucharaditas de cilantro molido
1 cucharadita de comino molido
½ cucharadita de cúrcuma molida
½ cucharadita de polvo de chile
½ cucharadita de sal
225 g/8 oz de tomates, pelados
   y picados finos
2 ½ tazas de caldo de cordero
2 patatas grandes, cortadas en trozos
   de 2,5 cm/1 in
cilantro fresco, picado, para adornar
chappatis para servir (opcional)

1 Caliente el aceite en una cacerola grande y fría la cebolla, las hojas de laurel, el chile y el ajo a fuego medio durante 5 min.

2 Quite la grasa visible del cordero. Corte la carne en dados de 2,5 cm/1 in. Añádalos a la cacerola y fría durante 6–8 min, hasta que estén ligeramente dorados.

3 Añada el cilantro molido, el comino, la cúrcuma, el polvo de chile y la sal y cueza durante 3–4 min, removiendo la mezcla todo el tiempo, para evitar que las hierbas se peguen al fondo.

4 Añada los tomates picados y el caldo de cordero y cueza a fuego lento durante 1 h.

5 Añada las patatas al *curry* y continúe cociendo durante 30–40 min más, o hasta que la carne esté tierna. Decore con el *curry*, el cilantro fresco picado y sirva con *chappatis,* si lo desea.

Patatas asadas estilo *tex-mex* con chile

Clásicas patatas asadas con una corona de picadillo de chile. Fáciles de preparar y fabulosas para una simple pero sustanciosa cena en familia.

4 personas

INGREDIENTES
4 patatas para asar medianas
1 cucharada de aceite vegetal,
     y un poco para barnizar
1 diente de ajo, machacado
1 cebolla pequeña, picada
½ pimiento rojo, sin semillas
     y picado
225 g/8 oz de ternera magra, picada
½ chile rojo pequeño, sin semillas
     y picado
1 cucharadita de comino molido
una pizca de pimienta de Cayena
200 g/7 oz de tomates de lata, picados
2 cucharadas de puré de tomate
½ cucharadita de orégano fresco,
     picado
½ cucharadita de mejorana fresca,
     picada
200 g/7 oz alubias rojas de lata,
     lavadas y escurridas
sal y pimienta negra
     recién molida
mejorana fresca, picada,
     para adornar
4 cucharadas de crema agria
     y hojas de lechuga, para servir

1 Precaliente el horno a 220 °C/425 °F. Barnice o unte las patatas con un poco de aceite y después pínchelas.

2 Ponga las patatas en la bandeja superior del horno y áselas durante 30 min antes de empezar a cocinar el chile.

3 Caliente el aceite vegetal en una cacerola grande y gruesa y añada el ajo machacado, la cebolla picada y el pimiento rojo. Fría suavemente 3-4 min, removiendo de vez en vez, hasta que se ablande.

4 Añada la ternera picada y fría hasta dorarla. Añada, sin dejar de remover, el chile, el comino, la pimienta de Cayena, los tomates, el puré de tomate, las hierbas y 4 cucharadas de agua. Lleve a ebullición, baje el fuego, tape y cueza a fuego lento 25 min, removiendo de vez en vez.

CONSEJOS: Para conseguir patatas más crujientes, frótelas con un poco de sal después de barnizarlas con el aceite en el primer paso.

5 Añada, sin dejar de remover, las judías, y cueza sin tapar durante 5 min. Aparte del fuego y añada el cilantro picado. Sazone bien y reserve.

6 Corte las patatas asadas por la mitad y póngalas en platos de servir calientes. Ponga por encima la mezcla de chile y un poco de crema agria. Adorne con mejorana fresca picada y sirva calientes, acompañadas por unas hojas de lechuga.

Tortilla mexicana de ternera con chile

No es distinta a la lasaña, excepto en que la capa de carne está entre tortillas.

4 personas

INGREDIENTES
1 cebolla, picada
2 dientes de ajo, machacados
1 chile rojo, sin semillas y en rodajas
350 g/12 oz de filetes de lomo, cortados
    en trozos pequeños
1 cucharada de aceite
1 ⅓ tazas de arroz de grano largo,
    cocido
caldo de ternera, para humedecer
3 tortillas de trigo grandes

PARA LA SALSA PICANTE
2 latas de tomates, picados, de 400 g/14 oz
2 dientes de ajo, partidos por la mitad
1 cebolla, en cuartos
1-2 chiles rojos, sin semillas y picados
1 cucharadita de comino molido
1 cucharadita de pimienta de Cayena
1 cucharadita de orégano fresco picado
zumo de tomate o agua (si se necesita)

PARA LA SALSA DE QUESO
¼ de taza de mantequilla, ½ de harina sin
    levadura y 2 ½ de leche
1 taza de queso Cheddar rallado
sal y pimienta negra recién molida

1 Precaliente el horno a 180 °C/350 °F.
Para la salsa picante, ponga los tomates, el
ajo, la cebolla, y los chiles en una batidora
y bata hasta que esté suave. Vierta en una
cacerola. Añada las especias, el orégano y
la sal.

2 Suavemente, lleve a ebullición,
removiendo de cuando en cuando.
Cueza 1-2 min, después baje el fuego,
tape y cueza a fuego lento 15 min. La salsa
debería estar espesa, pero con consistencia
líquida. Si es demasiado espesa, dilúyala
con un poco de zumo de tomate o agua.

3 Para la salsa de queso, derrita la
mantequilla en una cacerola y eche la
harina, sin dejar de remover. Cueza 1 min.
Añada la leche, removiendo continuamente,
hasta que la salsa hierva y espese. Eche todo
el queso menos 2 cucharadas y sazone al
gusto. Tape y reserve caliente.

4 Mezcle la cebolla, el ajo y el chile
en un cuenco grande. Añada el filete
y mezcle bien. Caliente el aceite en
una sartén y rehogue durante 10 min,
hasta que la carne se dore y la cebolla
esté blanda. Eche el arroz, sin dejar de
remover y bastante caldo de ternera
para humedecer. Sazone al gusto.

5 Vierta aprox. ¼ de la salsa de queso en el fondo de una fuente redonda para horno. Ponga una tortilla encima y después reparta la mitad de la salsa picante, seguida con la mitad de la mezcla de carne y arroz.

6 Repita las capas, después añada la mitad del resto de la salsa de queso y la última tortilla. Vierta el resto de la salsa de queso y espolvoree con el queso reservado. Hornee durante 15-20 min, hasta que esté dorado por encima.

Ternera marinada con ajo y chile, con aros de cebolla con costra de maíz

Los chiles mexicanos afrutados, ahumados y suaves combinan bien con el ajo en esta marinada para el filete al grill. La polenta forma una cobertura crujiente para los aros de cebolla que lo acompañan.

4 personas

INGREDIENTES

20 g/¾ oz de chiles grandes rojos secos
    suaves (como mulato o pasilla)
2 dientes de ajo, normales o ahumados,
    picados finos
1 cucharadita de semillas de comino
    tostadas, molidas
1 cucharadita de orégano seco
4 filetes de ternera (lomo o solomillo)
    de unos 175-225 g/6-8 oz cada uno
sal y pimienta negra recién molida

PARA LOS AROS DE CEBOLLA
2 cebollas, en rodajas con los aros separados
1 taza de leche
½ taza de polenta gruesa
½ cucharadita de escamas de chile rojo seco
1 cucharadita de semillas de comino tostadas,
    molidas
1 cucharadita de orégano seco
aceite de oliva, para freír

1 Corte los tallos de los chiles y quite las semillas. Tuéstelos en una sartén sin aceite durante 2-4 min, hasta que desprendan su aroma. Ponga los chiles en un cuenco, cúbralos con agua templada y déjelos en remojo durante 20-30 min.

2 Escurra los chiles, reservando el agua. Páselos a una batidora con el ajo, las semillas de comino tostadas, el orégano y el aceite para hacer una pasta espesa. Añada un poco del agua en la que se han remojado los chiles, si es necesario. Sazóne con pimienta negra recién molida.

3 Lave y seque los filetes, frote la marinada de chile por todos los lados y deje marinar hasta 12 h.

4 Para hacer los aros de cebolla fritos, remoje los aros en la leche durante 30 min. Mezcle la polenta, las escamas de chile seco, las semillas de comino tostadas molidas y el orégano y sazone con sal y pimienta. Caliente el aceite en una sartén honda a 160-180 °C/325-350 °F, o hasta que un dado de pan del día anterior se dore en 30-60 s.

5 Escurra los aros de cebolla y añádalos a la mezcla de polenta hasta que se impregnen bien. Fría en abundante aceite 2-4 min hasta que estén dorados y crujientes. Es mejor que los fría por tandas y los mantenga calientes. Escúrralos en papel de cocina.

6 Caliente una barbacoa o una parrilla de hierro fundido. Sazone los filetes con sal y áselos en la parrilla durante 4 min por cada lado, para que se queden medio hechos; disminuya o aumente el tiempo, dependiendo de cómo quiera el punto. Sirva los filetes con los aros de cebolla.

45

Tortilla de chile y queso con salsa fresca de tomate

Buena, caliente o fría, es como una quiché de rodajas de patata sin la base de hojaldre, bien untada con chile.

4 personas

INGREDIENTES
3 cucharadas de aceite de oliva
1 cebolla pequeña, en rodajas finas
2-3 chiles jalapeños verdes,
    sin semillas y en rodajas
200 g/7 oz de patatas cocidas, frías,
    en láminas finas
1 taza de queso rallado
    (use un queso consistente pero no
    duro, como Gloucester doble)
6 huevos, batidos
sal y pimienta negra recién molida
virutas de Parmesano,
    para adornar

PARA LA SALSA
500 g/1¼ lb de tomates, pelados,
    sin semillas y picados finos
1 chile verde suave, sin semillas
    y picado fino
2 dientes de ajo, machacados
3 cucharadas de cilantro fresco,
    picado
el zumo de 1 lima
½ cucharadita de sal

1 Para hacer la salsa fresca de tomate, ponga los tomates en un cuenco y añada el chile picado, el ajo, el cilantro fresco picado, el zumo de lima y la sal. Remueva bien la mezcla y deje aparte.

2 Caliente 1 cucharada de aceite en una sartén para tortillas grande y fría suavemente la cebolla y los jalapeños 5 min, removiendo hasta ablandar. Añada las patatas y fría 5 min, hasta que estén doraditas, manteniendo las láminas enteras.

3 Con una espumadera, pase las verduras fritas a un plato caliente. Seque la sartén con papel de cocina, después añada el resto del aceite y caliente hasta que esté muy caliente. Vuelva a echar las verduras a la sartén, reparta el queso por encima y sazone con sal y pimienta negra recién molida.

4 Vierta los huevos batidos, asegurándose de que se filtran bajo las verduras. Fría a fuego bajo, sin remover, hasta que los huevos se cuajen.

5 Sirva la tortilla caliente o fría, córtela en porciones, adórnela con virutas de Parmesano y con la salsa de tomate a un lado.

Croquetas de queso y puerro con salsa de tomate, ajo y chile

Están basadas en la especialidad inglesa de croquetas Glamorgan, que tradicionalmente se hacen sólo con pan rallado. La deliciosa salsa picante añade una nueva dimensión.

4 personas

INGREDIENTES
2 cucharadas de mantequilla
175 g/6 oz de puerros, picados finos
6 cucharadas de puré de patatas, frío
2 tazas de migas de pan blanco o integral fresco
1 ¼ tazas de queso Caerphilly, Lancashire o Cantal rallado
2 cucharadas de perejil fresco, picado
1 cucharadita de salvia o mejorana, picada
2 huevos grandes, batidos
pimienta de Cayena
1 taza de pan rallado blanco seco
aceite para freír ligeramente
sal y pimienta negra recién rallada

PARA LA SALSA
2 cucharadas de aceite de oliva
2 dientes de ajo, en láminas finas
1 chile rojo, sin semillas y picado fino, o un buen pellizco de escamas de chile rojo seco
1 cebolla pequeña, picada fina
500 g/1 ¼ lb de tomates, sin semillas y picados
unas ramitas de tomillo fresco
2 cucharaditas de vinagre balsámico o de vino tinto
una pizca de azúcar moreno ligero
1-2 cucharadas de mejorana u orégano fresco picado

1 Derrita la mantequilla y fría los puerros durante 4-5 min, hasta que estén blandos pero sin llegar a dorarse. Mezcle con el puré de patatas, las migas de pan fresco, el queso, el perejil y la salvia o mejorana. Añada suficiente huevo batido (uno o dos tercios del total) para ligar la mezcla. Sazone con sal y pimienta y añada una buena pizca de Cayena.

2 Forme con la mezcla 12 croquetas. Moje en el resto del huevo, después reboce con el pan rallado seco. Enfríe en la nevera las croquetas rebozadas.

3 Para hacer la salsa, caliente el aceite a fuego bajo y fría el ajo, el chile y la cebolla durante 3-4 min. Añada los tomates, el tomillo y el vinagre. Sazone con sal, pimienta y azúcar.

4 Cueza la salsa durante 40-50 min, hasta que se reduzca mucho. Quite el tomillo y haga un puré con la salsa en una batidora. Vuelva a calentarla con la mejorana u orégano, después rectifique el sazonado, añadiendo más azúcar si es necesario.

5 Fría las croquetas en aceite en una sartén poco profunda hasta que se doren por todos los lados. Escurra sobre papel de cocina y sirva con la salsa.

VARIANTE: Estas croquetas también están deliciosas con mayonesa al ajo o un confite de cebollas pochadas como acompañamiento.

Chiles rellenos

Estos chiles están rellenos con una crema de queso y patatas. Los chiles poblanos y Anaheims son los más suaves, pero puede usar chiles más picantes si quiere.

Para hacer 6

INGREDIENTES
6 chiles poblanos o Anaheim
2 patatas, 400 g/14 oz en total, cortadas
  en dados de 1 cm/½ in
1 taza de crema de queso
1⅓ taza de queso cheddar, rallado
1 cucharadita de sal
½ cucharadita de pimienta negra
  recién molida
2 huevos, con las claras
  y las yemas separadas
1 taza de harina sin levadura
½ cucharadita de pimienta blanca
escamas de chile para adornar (opcional)

1 Haga un corte limpio, de arriba abajo, en un lado de los chiles. Póngalos en una sartén sin aceite a fuego bajo, dándoles la vuelta frecuentemente, hasta que la piel forme ampollas.

2 Ponga los chiles en una bolsa de plástico fuerte y ciérrela para que se quede el vapor. Déjelos 20 min aparte, después pélelos y quite las semillas por los cortes, dejando los chiles enteros. Seque los chiles con papel de cocina y resérvelos.

CONSEJOS: Tenga cuidado al hacer el relleno; mezcle suavemente, tratando de no romper los trozos de patata.

3 Cueza las patatas en agua hirviendo hasta que estén tiernas. No las cueza demasiado. Escurra bien. Ponga la crema de queso en un cuenco y añada el queso rallado con ½ cucharadita de sal y la pimienta negra y mezcle bien. Añada las patatas y mezcle suavemente.

4 Eche el relleno, a cucharadas, dentro de cada chile. Deje enfriar en la nevera 1 h para que el relleno tome consistencia.

5 Bata las claras a punto de nieve en un cuenco limpio. En un cuenco aparte, bata las yemas hasta que queden pálidas, después júntelas con las claras. Páselo a un plato llano grande. Eche la harina en otro plato llano y sazone con el resto de la sal y pimienta blanca.

VARIANTE: Se pueden usar chiles anchos enteros (poblanos secos), en lugar de chiles frescos, pero tendrán que ser remojados en agua antes de que se puedan quitar las semillas y rellenar.

6 Caliente el aceite en una sartén honda a 190 °C/375 °F. Reboce unos cuantos chiles, en harina y en huevo, antes de echarlos a la sartén. Fría por tandas hasta que estén dorados y crujientes.

7 Escúrralos sobre el papel de cocina y sírvalos calientes, adornados con escamas de chile, para dar mayor picor (opcional).

51

Pizza de chile, tomate y espinacas

Una cobertura generosamente condimentada con un toque de especias, convierte a esta *pizza* sencilla y colorida en una *pizza* que llena mucho.

2 personas

INGREDIENTES
3 cucharadas de aceite con tomate
  (de un bote de tomates secos)
1 cebolla, picada
2 dientes de ajo, picados
1-2 chiles rojos, sin semillas
  y picados finos
50 g/2 oz de tomates secos en aceite
  (pesados escurridos)
400 g/14 oz de tomates de lata, picados
1 cucharada de puré de tomate
175 g/6 oz de espinacas
1 base de *pizza,* ya preparada
  de 25-30 cm/10-12 in de diámetro
75 g/3 oz de queso bávaro ahumado,
  rallado
75 g/3 oz de queso Cheddar curado,
  rallado
sal y pimienta negra
  recién molida

1 Caliente 2 cucharadas del aceite de tomate en una cacerola, añada la cebolla, el ajo y los chiles y fríalos suavemente durante 5 min, hasta que esté blando.

2 Pique los tomates secos. Añada a la cacerola con los tomates picados, el puré de tomate y sazone. Cueza a fuego lento, sin tapar durante 15 min, removiendo de cuando en cuando.

3 Quite los tallos gruesos de las espinacas y después lave las hojas en abundante agua fría. Escúrralas y séquelas a golpecitos con papel de cocina. Pique las hojas de las espinacas.

4 Eche las espinacas picadas a la salsa de tomate y chile. Cueza la salsa, removiendo, durante 5-10 min más, hasta que las hojas se marchiten y no quede exceso de humedad. Deje que la salsa se enfríe.

5 Mientras tanto, precaliente el horno a 220 °C/425 °F. Barnice la base de la *pizza* con el resto del aceite con tomate, después eche cucharadas de la salsa.

6 Espolvoree con los dos quesos rallados y cueza en el horno durante 15-20 min, hasta que esté crujiente y dorada. Sirva inmediatamente.

Garbanzos picantes y ácidos con arroz dulce

Los chiles aportan el picor a este plato picante y ácido.

6 personas

INGREDIENTES
1 ¼ de tazas de garbanzos secos, en remojo
   durante toda la noche y escurridos
4 cucharadas de aceite vegetal
1 cebolla grande, muy picada
225 g/8 oz de tomates pelados y picados
1 cucharada de cilantro molido
1 cucharada de comino molido
1 cucharadita de alholva
1 cucharadita de canela molida
1-2 chiles verdes picantes, sin semillas
   y en rodajas finas
1 trozo de raíz de jengibre fresca de 2,5 cm/
   1 in, pelado y rallado
4 cucharadas de zumo de limón
1 cucharada de cilantro fresco, picado
sal y pimienta negra recién molida

PARA EL ARROZ
3 cucharadas de *ghee* o mantequilla
4 vainas de cardamomo verde
4 clavos
2 ¾ tazas de agua hirviendo
1 ¾ tazas de arroz *basmati,* puesto
   en remojo durante 20 min y escurrido
1-2 cucharaditas de azúcar granulado
5-6 hebras de azafrán, puestas en remojo
   en agua caliente

1 Cueza los garbanzos en agua a fuego
lento, durante 1-1 ¼ h, hasta que estén
tiernos. Escurra, reservando el líquido.

2 Caliente el aceite en una cacerola.
Reserve unas 2 cucharadas de cebolla y
añada el resto a la cacerola. Fría 4-5 min,
removiendo frecuentemente. Añada los
tomates. Cueza a fuego bajo 5-6 min,
hasta que estén muy tiernos.

3 Eche el cilantro molido, el comino,
la alholva y la canela. Cueza durante 30 s,
después añada los garbanzos a 1 ½ tazas
del líquido de cocción reservado. Sazone
con sal, tape y cueza a fuego bajo durante
15-20 min.

4 Mientras tanto, para hacer el arroz,
derrita el *ghee* o mantequilla en una
cacerola y fría las vainas de cardamomo
y los clavos durante unos minutos.

5 Aparte del fuego, y cuando la grasa
se haya enfriado un poco, añada el agua
hirviendo y el arroz. Remueva, tape bien
y cueza por el método de absorción
durante 10 min.

6 Cuando el arroz esté cocido, añada el azúcar, las hebras de azafrán y remueva bien. Tape otra vez. El arroz se mantendrá caliente mientras termina de hacer los garbanzos.

7 Mezcle la cebolla reservada con las rodajas de chile, el jengibre y el zumo de limón y eche la mezcla a los garbanzos. Añada el cilantro fresco, rectifique el sazonado y sirva con el arroz.

Dhal de lentejas con chile y especias enteras

Una mezcla de especias se arremolina en este puré antes de servirlo.

4-6 personas

INGREDIENTES

3 cucharadas de mantequilla o *ghee*
1 cebolla, picada
2 chiles verdes, sin semillas y picados
1 cucharada de raíz de jengibre fresca, picada
1 taza de lentejas amarillas o rojas
3 ¾ tazas de agua
3 cucharadas de puré de ajo asado (ver el consejo del cocinero)
1 cucharadita de comino molido
1 cucharadita de cilantro molido
200 g/7 oz de tomates, pelados y en dados
un poco de zumo de limón
sal y pimienta negra recién molida
2-3 cucharadas de hojas de cilantro frescas para adornar.

PARA LA MEZCLA DE ESPECIAS ENTERAS

2 cucharadas de aceite de cacahuete
4-5 chalotas, en láminas finas
2 dientes de ajo, en láminas finas
1 cucharada de mantequilla o *ghee*
1 cucharadita de semillas de comino
1 cucharadita de semillas de mostaza
3-4 chiles rojos, pequeños
8-10 hojas de *curry,* frescas

1 Derrita la mantequilla o *ghee* en una cacerola grande y fría la cebolla picada, los chiles y el jengibre durante 10 min, hasta que se doren.

2 Añada las lentejas y el agua. Lleve a ebullición, después tape a medias y cueza a fuego lento 50 min, removiendo de vez en vez, hasta que esté bastante espeso.

3 Eche el puré de ajo, el comino, el cilantro molido, sal y pimienta. Cueza 10-15 min más, sin tapar, removiendo frecuentemente. Eche los tomates, sin dejar de remover y rectifique el sazonado, añadiendo el zumo de limón al gusto.

4 Para la mezcla de especias, caliente el aceite en una cacerola de fondo grueso. Fría las chalotas a fuego medio, removiendo ligeramente, hasta que estén crujientes y doradas. Añada el ajo y cueza, removiendo hasta que tome color. Con una espumadera saque la mezcla y reserve.

CONSEJOS: Para hacer el puré de ajo asado, ase los dientes de ajo a 190 °C/375 °F unos 15 min, hasta que estén blandos. Después macháquelos.

5 Derrita la mantequilla o *ghee* en la misma cacerola. Añada las semillas de comino y de mostaza y fría hasta que las semillas empiecen a saltar. Eche los chiles secos y las hojas de *curry* sin dejar de remover, e inmediatamente vierta y remueva la mezcla caliente en el *dhal* cocido. Adorne con la mezcla de chalotas y cilantro fresco.

Patatas con chiles

Si le gustan los chiles, ¡le encantarán estas patatas!

4 personas

INGREDIENTES

12-14 patatas pequeñas nuevas o de ensalada,
    partidas por la mitad
2 cucharadas de aceite vegetal
½ cucharadita de chile rojo seco, machacado
½ cucharadita de semillas de comino blancas
½ cucharadita de semillas de hinojo
½ cucharadita de semillas de cilantro,
    machacadas
1 cucharadita de sal
1 cebolla, en láminas, y 4 chiles rojos, picados
1 cucharada de cilantro fresco picado

1 Cueza las patatas en agua salada
hirviendo hasta que estén tiernas pero
consistentes. Escurra bien y reserve.

2 En una sartén honda, caliente el aceite
vegetal a fuego medio-alto, después baje
a fuego medio. Añada los chiles secos
machacados, el comino, el hinojo y las
semillas de cilantro y sal y fría, removiendo
continuamente, durante 30–40 s para que
desprenda sus aromas.

3 Añada las láminas de cebolla y fría
durante 10 min, hasta que se dore. Añada
las patatas cocidas, los chiles rojos picados
y el cilantro fresco y remueva bien.

4 Reduzca a fuego muy bajo, después
tape y cueza durante 5-7 min. Sirva las
patatas calientes, adornadas con más
cilantro fresco.

Coliflor con chile rojo

La coliflor está condimentada con una salsa de tomate y queso fresco.

6 personas

INGREDIENTES

1 cebolla pequeña, muy picada
la corteza rallada y el zumo de 1 lima
400 g/14 oz de tomates de lata, picados
4 chiles serranos, sin semillas y muy picados
¼ cucharadita de azúcar extrafino
1 coliflor mediana, dividida en cogollos
¾ de taza de queso feta desmenuzado
sal
hojas de perejil fresco, para adornar

1 En un cuenco, mezcle la cebolla con la corteza y el zumo de lima. Deje aparte para que el zumo de lima ablande la cebolla.

2 Eche los tomates en una cacerola y añada los chiles y el azúcar. Caliente suavemente. Mientras, cueza la coliflor en agua hirviendo 5-8 min, hasta que esté tierna y escúrrala.

3 Añada la mezcla de cebolla a los tomates, con sal al gusto, remueva y caliente bien, después eche un tercio de la salsa (más o menos) en un plato de servir.

4 Coloque la coliflor encima de la salsa y eche el resto de la salsa por encima. Espolvoree con el queso feta, que debería ablandarse un poco al contacto. Sirva inmediatamente, espolvoreado con perejil.

Champiñones con chiles chipotles

El sabor ahumado de los chipotles contrasta perfectamente con los champiñones.

6 personas

INGREDIENTES
2 chiles chipotles
6 tazas de champiñones
4 cucharadas de aceite vegetal
1 cebolla, picada fina
2 dientes de ajo, machacados o picados
sal
un manojo de cilantro fresco, para adornar

1 Ponga en remojo los chiles secos en un cuenco de agua caliente 10 min, hasta que se ablanden. Escurra, corte los tallos, haga un corte en los chiles y quite las semillas raspando. Pique la carne muy fina.

2 Recorte los champiñones, después límpielos con un paño húmedo o papel de cocina. Si son grandes, córtelos por la mitad.

3 Caliente el aceite en una sartén grande. Añada la cebolla, el ajo, los chiles y los champiñones y mezcle hasta que todo esté bien cubierto por el aceite. Fría 6-8 min, removiendo de vez en vez, hasta que la cebolla y los champiñones estén tiernos.

4 Sazone al gusto y sirva en una fuente. Pique parte del cilantro, dejando algunas hojas enteras y úselo para adornar. Sirva caliente.

Verduras con chile en leche de coco

Una deliciosa forma tailandesa de cocinar verduras con abundante chile.

4-6 personas

INGREDIENTES

450 g/1 lb de verduras variadas, como
   berenjenas, mazorcas de maíz *baby*,
   zanahorias, espárragos y calabaza
8 chiles rojos, sin semillas
2 tallos de hierba de limón, picados
4 hojas de lima *kaffir*, en trozos
2 cucharadas de aceite vegetal
1 taza de leche de coco
2 cucharadas de salsa de pescado tailandesa
sal
15-20 hojas de albahaca tailandesa y 1 chile
   rojo fresco, en rodajas, para adornar

1 Corte las verduras en trozos de tamaño parecido con un cuchillo afilado. Ponga los chiles, la hierba de limón y las hojas de lima *kaffir* en un mortero y machaque con la mano del mortero.

2 Caliente el aceite en un *wok* o sartén honda grande. Añada la mezcla de chile y fría durante 2-3 min. Eche, removiendo, la leche de coco y lleve a ebullición.

3 Añada las verduras y cueza durante 5 min o hasta que estén tiernas. Sazone con la salsa de pescado y sal y adorne con albahaca y chile.

Ensalada de pimientos asados

Las escamas de chile secas dan más sabor a esta colorida ensalada.

4 personas

INGREDIENTES
3 pimientos rojos
6 tomates de pera grandes
½ cucharadita de escamas de chile rojo seco
1 cebolla roja, en láminas finas
3 dientes de ajo, picados finos
la corteza rallada y el zumo de 1 limón
3 cucharadas de perejil de hoja plana, picado
2 cucharadas de aceite de oliva virgen extra
sal y pimienta negra recién molida
aceitunas negras y verdes y perejil de hoja
    plana fresco, picado, para adornar

1 Precaliente el horno a 220 °C/425 °F.
Ponga los pimientos en una bandeja de
horno y ase, dándoles la vuelta de cuando
en cuando, durante 10 min, hasta que la
piel esté casi negra.

2 Añada los tomates a la bandeja y ase
durante 5 min más.

3 Ponga los pimientos en una bolsa de
plástico fuerte, ciérrela, reteniendo dentro
el vapor y reserve con los tomates, hasta
que estén lo bastante fríos como para
cogerlos con la mano.

4 Quite la piel y las semillas de los
pimientos. Píquelos junto con los tomates
y póngalo todo en un cuenco.

5 Añada las escamas de chile, la cebolla,
el ajo, la corteza de limón y el zumo.
Espolvoree por encima el perejil. Mezcle
bien, después páselo a una fuente de servir.
Sazone al gusto, rocíe con aceite de oliva
y reparta las aceitunas y más perejil por
encima. Sirva a temperatura ambiente.

Ensalada de espinacas con chile

Los chiles serranos son el «arma secreta» escondida entre estas hojas de espinacas.

6 personas

INGREDIENTES

500 g/1 ¼ lb de hojas de espinaca *baby*
⅓ de taza de semillas de sésamo
¼ de taza de mantequilla
2 cucharadas de aceite de oliva
6 chalotas, en láminas
9 chiles serranos, sin semillas y cortados en tiras
4 tomates, en rodajas

PARA EL ALIÑO

6 dientes de ajo asados (ver *Dhal* de lentejas)
½ taza de vinagre de vino blanco
½ cucharadita de pimienta blanca molida
1 hoja de laurel
½ cucharadita de pimienta inglesa molida
2 cucharadas de tomillo fresco, picado, más
    unas ramitas enteras para adornar

1 Para el aliño, quite la piel de los ajos cuando se enfríen, píquelos y mézclelos con el resto de los ingredientes en un bote con tapa. Deje enfriar en la nevera.

2 Lave y seque la espinacas. Tueste las semillas de sésamo en una sartén sin aceite, a fuego moderado, agitándola hasta que se doren. Reserve.

3 Caliente la mantequilla y el aceite en una sartén. Fría las chalotas 4-5 min, hasta que se ablanden; después, sin dejar de remover, añada la mayoría de las tiras de chile y fría 2-3 min más. En un cuenco, ponga una capa de espinacas con la mezcla de chalotas y las rodajas de tomate. Vierta el aliño. Espolvoree con las semillas de sésamo y sirva con el tomillo y las tiras de chile.

Notas

Para las recetas, las cantidades se expresan utilizando el Sistema Métrico Decimal y el Sistema Británico, aunque también pueden aparecer en tazas y cucharadas estándar. Siga uno de los sistemas, tratando de no mezclarlos, ya que no se pueden intercambiar.

Las medidas estándar de una taza y una cucharada son las siguientes:

1 cucharada = 15 ml

1 cucharadita = 5 ml

1 taza = 250 ml/8 fl oz

Utilice huevos medianos a menos que se especifique otro tamaño en la receta.

Abreviaturas empleadas:

kg = kilogramo

g = gramo

lb = libra

oz = onza

l = litro

ml = mililitro

fl oz = onza (volumen)

h = hora

min = minuto

s = segundo

Copyright © EDIMAT LIBROS, S. A.
C/ Primavera, 35
Polígono Industrial El Malvar
28500 Arganda del Rey
MADRID-ESPAÑA

Copyright © Annes Publishing Limited, London

ISBN: edición tapa dura 84-9765-027-6 - edición rústica 84-9764-067-5
Depósito legal: edición tapa dura M-31383-2002 - edición rústica M-31423-2002
Impreso en: COFÁS

Reservados todos los derechos. El contenido de esta obra está protegido por la Ley, que establece penas de prisión y/o multas, además de las correspondientes indemnizaciones por daños y perjuicios, para quienes reprodujeren, plagiaren, distribuyeren o comunicaren públicamente, en todo o en parte, una obra literaria, artística o científica, o su transformación, interpretación o ejecución artística fijada en cualquier tipo de soporte o comunicada a través de cualquier medio, sin la preceptiva autorización.

Traducido por: Perfect Lingua (Inmaculada Aranda)

Fotografía: Karl Adamson, Edward Allwright,
James Duncan, Ian Garlick, Michelle Garrett,
Amanda Heywood, Janine Hosegood, David Jordan,
Don Last, William Lingwood, Patrick McLeavey, Michael Michaels.

IMPRESO EN ESPAÑA – PRINTED IN SPAIN